新编中华文化基础教材

第九册

◎主　编　黄玉峰

◎副主编　朱　煜　丁慈矿

◎编委会（按姓氏音序排列）

丁慈矿　黄玉峰　蒋人杰　王琳妮　王振宁　赵志伟　朱　煜

中华书局

图书在版编目(CIP)数据

新编中华文化基础教材.第九册/黄玉峰主编;朱煜,丁慈矿副主编. —北京:中华书局,2017.8
ISBN 978-7-101-11757-8

Ⅰ.新⋯ Ⅱ.①黄⋯②朱⋯③丁⋯ Ⅲ.中华文化-小学-教材
Ⅳ.G624.201

中国版本图书馆 CIP 数据核字(2016)第 087096 号

书　名	新编中华文化基础教材　第九册
主　编	黄玉峰
副 主 编	朱　煜　丁慈矿
责任编辑	祝安顺　熊瑞敏
装帧设计	王铭基　王　娟
插图绘制	刘耀杰
出版发行	中华书局·
	(北京市丰台区太平桥西里 38 号　100073)
	http://www.zhbc.com.cn
	E-mail:zhbc@zhbc.com.cn
印　刷	北京瑞古冠中印刷厂
版　次	2017 年 8 月北京第 1 版
	2017 年 8 月北京第 1 次印刷
规　格	开本/880×1230 毫米　1/16
	印张 4　字数 40 千字
印　数	1-5000 册
国际书号	ISBN 978-7-101-11757-8
定　价	13.80 元

编写说明

一、《新编中华文化基础教材》是响应中共中央办公厅、国务院办公厅《关于实施中华优秀传统文化传承发展工程的意见》及教育部《完善中华优秀传统文化教育指导纲要》指导精神组织编写的中华优秀传统文化教材，一至九年级十八册，高中学段六册，共二十四册。

二、本教材以"立德树人"为教学宗旨，以分学段有序推进中华优秀传统文化教育为目标，注重培育和提高学生对中华优秀传统文化的亲切感和感受力，增强学生对中华优秀传统文化的理解力和理性认识，坚定文化自信。

三、本册教材供五年级上学期使用，包含十课，每课分为四个模块，分别为"开蒙启智""诵诗冶性""博闻广识""趣味文言"。

1."开蒙启智"模块为蒙学经典教学。每课选录古代蒙学经典的文段，辅以亲切简要的提示。内容选择上注重贯彻人格教育，引导学生了解、体会中华优秀传统文化的价值取向与思维模式，进而塑造良好的性格品质与行为方式。

2."诵诗冶性"模块为诗词教学。每课选录适合小学生诵读的经典诗词若干首。古典诗词是中华优秀传统文化的精髓，对于陶冶学生的思想情操，丰富学生的情感体验，提高学生的审美能力等都有重要意义。

3."博闻广识"模块为经典教学。每课选录经传诸子中的经典文段，厚植学生的文化根基。

4."趣味文言"模块为古文教学。本模块选录富于谐趣的古文小段落，辅以简要的提示，让学生领略文言世界中的乐趣。

本教材之编辑力求严谨，编写过程中广泛征求各界意见，期能以较完备之面貌呈现；然疏漏之处在所难免，敬祈学界先进不吝指正。

编者

2017 年 2 月

目　录

第一课　开蒙启智·《朱柏庐治家格言》选段 ……… 1

诵诗冶性·赏牡丹、赠荷花 ……………… 2

博闻广识·《孟子》选段 ………………… 4

趣味文言·弈秋 …………………………… 6

第二课　开蒙启智·《朱柏庐治家格言》选段 ……… 7

诵诗冶性·墨梅、白梅 …………………… 8

博闻广识·《孟子》选段 ………………… 10

趣味文言·刻舟求剑 ……………………… 11

第三课　开蒙启智·《朱柏庐治家格言》选段、

《弟子规》选段 ………………… 12

诵诗冶性·鹦鹉二首 ……………………… 13

博闻广识·《孟子》选段 ………………… 15

趣味文言·郑人买履 ……………………… 16

第四课　开蒙启智·《朱柏庐治家格言》选段 ……… 17

诵诗冶性·咏蟹、白猿（节选） ………… 18

博闻广识·《园冶》选段 ………………… 20

趣味文言·狐假虎威 ……………………… 21

第五课　开蒙启智·《朱柏庐治家格言》选段、

《弟子规》选段 ………………… 22

诵诗冶性·题耕织图奉懿旨撰（节选）、

病马行（节选） ………………… 23

博闻广识·《园冶》选段 ·················· 25

趣味文言·治驼 ························· 27

第六课 开蒙启智·《增广贤文》选段 ············ 28

诵诗冶性·病牛、牧牛词 ··············· 29

博闻广识·《孝经》选段 ··············· 31

趣味文言·滥竽充数 ··················· 32

第七课 开蒙启智·《增广贤文》选段 ············ 33

诵诗冶性·嗅梅、咏蚕 ··············· 34

博闻广识·《周易》选段 ··············· 35

趣味文言·叶公好龙 ··················· 37

第八课 开蒙启智·《增广贤文》选段 ············ 38

诵诗冶性·题都城南庄、春游湖 ·········· 39

博闻广识·《礼记》选段 ··············· 41

趣味文言·执竿入城 ··················· 42

第九课 开蒙启智·《增广贤文》选段 ············ 43

诵诗冶性·题木兰院二首（其一）、赠婢 ····· 44

博闻广识·《荀子》选段 ··············· 46

趣味文言·活见鬼 ····················· 47

第十课 开蒙启智·《增广贤文》选段 ············ 48

诵诗冶性·过华清宫（其一）、金谷园 ······· 49

博闻广识·《荀子》选段 ··············· 51

趣味文言·鸭子捉兔 ··················· 52

第 一 课

不要因为贫富差异就用不同的眼光看人。

一

与肩挑贸易，勿占便宜；

见贫苦亲邻，须多温恤。

——《朱柏庐治家格言》

学与习

走街串巷做小买卖的讨生计不易，不可占其便宜。力所能及地帮助街坊，能给人送去暖意。

二

见富贵而生谄容者最可耻，

遇贫穷而作骄态者贱莫甚。

——《朱柏庐治家格言》

学与习

这两句批评得很重。在金钱权力面前奴颜婢膝的人可谓不要脸，见到陷于困境者则趾高气扬，没有比这更人格卑下的了。

1

诵诗冶性

古人描写花卉，经常把自己的情感想法融于其间。

赏牡丹

〔唐〕刘禹锡

庭前芍药妖无格，

池上芙蕖净少情。

惟有牡丹真国色，

花开时节动京城。

赠荷花

〔唐〕李商隐

世间花叶不相伦，
花入金盆叶作尘。
惟有绿荷红菡萏，
卷舒开合任天真。
此花此叶长相映，
翠减红衰愁杀人。

学与习

　　刘禹锡拿芍药、莲花与牡丹比较，衬托出牡丹的美丽。

　　李商隐说，摘花的人常常取其花而抛其叶，看似爱花，却不懂得花需绿叶衬的道理。

第一课

3

孟子像

孟子，名轲，战国时期伟大的思想家、教育家，儒家学派的代表人物。与孔子并称"孔孟"。

一

富贵不能淫，贫贱不能移，威武不能屈，此之谓大丈夫。

——《孟子·滕文公下》

学与习

富贵不能使他迷惑腐化，贫贱不能使他动摇，武力威胁不能使他屈服，这才称得上是大丈夫。

这样的句子每天读一遍，读着读着自然而然就理解了。

二

　　老吾老以及人之老，幼吾幼以及人之幼，天下可运于掌。

——《孟子·梁惠王上》

学与习

　　尊敬自己的长辈，然后推广到尊敬所有人的长辈。爱护自己的孩子，然后推广到爱护所有人的孩子。这样管理国家就容易多了。

弈 秋

　　弈秋，通国之善弈者也。使弈秋诲二人弈，其一人专心致志，惟弈秋之为听。一人虽听之，一心以为有鸿鹄将至，思援弓缴而射之，虽与之俱学，弗若之矣。

——《孟子·告子上》

学与习

　　弈秋是个很会下棋的人，他教两个学生下棋。一个专心致志，一个三心二意。学习的结果你一定猜得出。读完这个故事，你有什么见解？

第 二 课

不要议论别人的长短，不要施恩图报。

一

轻听发言，安知非人之谮诉，当忍耐三思；因事相争，安知非我之不是，须平心再想。

——《朱柏庐治家格言》

学与习

"谮"（zèn）的意思是说别人的坏话。大家都知道三人成虎的故事吧，不辨是非，轻信人言的后果很严重。与人发生分歧固然难免，但责任不一定总在对方，要冷静自省。

二

施惠无念，受恩莫忘。

——《朱柏庐治家格言》

《圣经》里有一句耶稣的训诫：施比受更有福。同学们可以仔细思量一下，你给予别人时收获的成就感（比如指导同桌解出一道数学难题）。"滴水之恩，涌泉相报"，是要我们把别人对自己的好刻在心上，积累出多多的人间善意。

诵诗冶性

墨梅与白梅虽然颜色不同，但都将清香留在人间。

墨 梅

〔元〕王冕

吾家洗砚池边树，

朵朵花开淡墨痕。

不要人夸好颜色，

只留清气满乾坤。

白　梅

〔元〕王冕

冰雪林中著此身，
不同桃李混芳尘。
忽然一夜清香发，
散作乾坤万里春。

学与习

比较两首诗，哪些地方是相像的，哪些地方是不像的？

王冕·白梅图

博闻广识

孟子对读书人有很高的要求。

一

得道者多助，失道者寡助。

——《孟子·公孙丑下》

学与习

坚持正义的人能得到许多人的帮助，违背正义的人就得不到别人的帮助。

二

穷则独善其身，达则兼善天下。

——《孟子·尽心上》

学与习

不得志时完善自己，得志时造福天下。孟子认为，读书人应该将此作为努力的目标。

趣味文言

刻舟求剑

楚人有涉江者，其剑自舟中坠于水，遽契其舟，曰："是吾剑之所从坠。"舟止，从其所契者入水求之。舟已行矣，而剑不行，求剑若此，不亦惑乎！

——《吕氏春秋·察今》

学与习

一个人不慎将剑掉入水中，可是他不立刻下水去找，只是在船舷上刻了一个记号。等船靠岸，他才下水找剑。你说，他错在哪里？

第 三 课

见不得人家好，随口说粗话脏话，都是市井气的表现。

一

> 人有喜庆，不可生妒忌心；人有祸患，不可生喜幸心。善欲人见，不是真善；恶恐人知，便是大恶。
>
> ——《朱柏庐治家格言》

学与习

做善而想让别人知道，那不是真善。做了怕人知道的坏事，那就是大恶。

二

> 刻薄语，秽污词，市井气，切戒之。
>
> ——《弟子规》

学与习

语言是一个人道德修养的外在体现，如今很多同学不注意言辞，动不动就冒出粗话乃至脏话，甚至还不知不觉，或觉得赶个时髦没有什么大不了的，殊不知这既伤害了别人，也侮辱了自己，有百害而无一利。市井气，则更是读书人应当时时警惕并远离的。

诵诗冶性

同样是写鹦鹉，诗人寄托的情怀却大不相同。

鹦 鹉

〔唐〕裴夷直

劝尔莫移禽鸟性，

翠毛红觜任天真。

如今漫学人言巧，

解语终须累尔身。

鹦鹉

〔唐〕罗隐

莫恨雕笼翠羽残，

江南地暖陇西寒。

劝君不用分明语，

语得分明出转难。

学与习

裴夷直借鹦鹉劝人不要迷失自己的特点个性，要说自己的话。

罗隐则将自己比作笼中的鹦鹉，说出言不慎，会惹祸。据说，后来罗隐真的因言获罪而被杀。

博闻广识

孟子的学说十分重视老百姓，十分重视人。

一

民为贵，社稷次之，君为轻。

——《孟子·尽心下》

学与习

孟子说，人民应该放在第一位，国家其次，君王在最后。在有君王的时代，能这样说真了不起。

二

天时不如地利，地利不如人和。

——《孟子·公孙丑下》

学与习

打仗时，时机、天气等条件比不上地形、城池等条件。而人心团结又比地形更重要。可见孟子对人心是极为重视的。

郑人买履

郑人有且置履者,先自度其足而置之其坐。至之市,而忘操之。已得履,乃曰:"吾忘持度。"反归取之。及反,市罢,遂不得履。人曰:"何不试之以足?"曰:"宁信度,无自信也。"

——《韩非子·外储说左上》

学与习

这个郑国人不信自己的脚,只相信自己量出来的尺寸。弄到最后,还是没有买到鞋子。如果让你劝他,你会怎么说?

第 四 课

生活节俭，注意卫生，都是好的生活习惯。

一

黎明即起，洒扫庭除，要内外整洁。

——《朱柏庐治家格言》

学与习

古人对日常作息非常重视，讲究规律。与我们当下不同的是，在没有电灯、没有网络的情况下，工作学习都服从于自然光运行法则。即使是清朝皇帝，都是 21 点入睡早 5 点起床观书待旦。洒扫庭除则是儿童日常功课之一。外部的干净，有助于梳理内心，整饬精神。

二

一粥一饭，当思来处不易；

半丝半缕，恒念物力维艰。

——《朱柏庐治家格言》

学与习

"衣食住行"中，穿衣最初是为了御寒蔽体，吃饭最初是为了补充精力，这两样都需要依靠他人纺的布匹，种的米粮，所谓"谁知盘中餐，粒粒皆辛苦"。

诵诗冶性

在诗人的眼中，螃蟹是海里的勇士，而白猿则是山中的隐士。

咏 蟹

〔唐〕皮日休

未游沧海早知名，

有骨还从肉上生。

莫道无心畏雷电，

海龙王处也横行。

白　猿（节选）

〔清〕 黄景仁

黄山白猿千年物，

出没无时不知穴。

裹身只借千岩云，

疗饥惟餐太古雪。

学与习

螃蟹是一个无所畏惧的勇士，他不怕雷电，不怕海龙王。
白猿像一个隐居深山的高人，把云当衣服，把雪当食物。

每当爸爸妈妈带你去参观古代园林时，你是否想过这样漂亮的园子是怎么建起来的呢？让我们一起来读读明代造园专家计成的《园冶》吧，此书据说是世界上最早关于造园艺术的专门著作，文辞也很精妙。

园地惟山林最胜，有高有凹，有曲有深，有峻而悬，有平而坦，自成天然之趣，不烦人事之工。入奥疏源，就低凿水，搜土开其穴麓（lù），培山接以房廊。杂树参天，楼阁碍云霞而出没；繁花覆地，亭台突池沼而参差。绝涧安其梁，飞岩假其栈；闲闲即景，寂寂探春。好鸟要（yāo）朋，群麋（mí）偕（xié）侣。

——《园冶》

学与习

计成说，造园林最好的地点是山林。地势高低起伏，不需要花太多的人力去改造。山林中的河流树木都是造园现成的材料。一旦园子造好，住在家里就能看云看花，听泉听风，甚至还能与小鸟、麋鹿为邻。这是多么惬意的事情啊！这段选文用对偶的方式写成，建议你高声朗读数遍，如果能读到背出来，就更好了。

趣味文言

狐假虎威

虎求百兽而食之，得狐。狐曰："子无敢食我也！天帝使我长百兽，今子食我，是逆天帝之命也。子以我为不信，吾为子先行，子随我后，观百兽之见我而敢不走乎？"虎以为然，故遂与之行。兽见之皆走。虎不知兽畏己而走也，以为畏狐也。

——《战国策·楚策一》

学与习

请设想一下，当狐狸第二次遇到老虎，它会怎么说？怎么做？老虎还会上当吗？

第四课

21

第五课

饮食，只要吃饱就好，不要贪吃。

一

饮食约而精，园蔬愈珍馐。

——《朱柏庐治家格言》

学与习

约，就是简单，有节制。珍馐，是指山珍海味。吃的量不多，制作考究，搭配合理，自家园子种的蔬菜赛过大鱼大肉。

二

对饮食，勿拣择。

食适可，勿过则。

——《弟子规》

学与习

挑食是个坏习惯，暴饮暴食也要不得。

　　古人常把自己当作一种动物或者植物来抒写，这样的诗总让人觉得很沉重。

题耕织图奉懿旨撰（节选）

〔元〕赵孟頫

四月夏气清，

蚕大已属眠。

高首何昂昂，

蛾眉复娟娟。

病马行（节选）

〔清〕林则徐

千金一骨死乃知，

生前谁解怜神骏。

不令鏖战临沙场，

长年驿路疲风霜。

学与习

四月初夏天气清爽，蚕已多次蜕皮，长得圆圆胖胖的。它的头高高抬起多么昂扬，它好像还长着弯弯的眉毛，多娟秀。

一匹骏马无法到战场上冲杀，只能在驿路上奔波，直到死了，别人才知道它的价值，多悲凉。

造园林离不开石头和水。

一

宜兴县张公洞、善卷寺一带山产石，便于祝陵出水，有性坚，穿眼，险怪如太湖者。有一种色黑质粗而黄者，有色白而质嫩者，掇山不可悬，恐不坚也。

——《园冶》

学与习

造园离不开石头，《园冶》中有专门的章节介绍各种石头的用法。计成对各地的石头非常了解，从颜色、质地到使用方法，讲得清清楚楚。这段短文中介绍了三种石头，你能说出它们的特点吗？

二

瀑布如峭壁山理也。先观有高楼檐水，可涧至墙顶作天沟，行壁山顶，留小坑，突出石口，泛漫而下，才如瀑布。不然，随流散漫不成，斯谓"坐雨观泉"之意。

——《园冶》

学与习

好看的瀑布得从高高的山崖上直泻而下，水势浩大，如果想在自家小小的园林里看到漂亮的瀑布，该怎么做呢？计成说，先要在高处积聚雨水，然后引到假山顶上，"留小坑"，"突出石口"，让其"泛漫而下"，才像瀑布。可见古人要在家里欣赏到"瀑布"，须得雨水多才行。而我们现在有了增压设备，随时都能看到人造瀑布了。

治 驼

昔有医人，自媒能治背驼，曰："如弓者，如虾者，如曲环者，若延吾治，可朝治而夕如矢矣。"一人信焉，而使治驼。乃索板二片，以一置于地下，卧驼者其上，又以一压焉，而即躧（xǐ）焉。驼者随直，亦随死。其子欲诉诸官。医人曰："我业治驼，但管人直，不管人死。"

——《雪涛小说》

学与习

幸好这只是笑话，不然谁敢找这样的医生看病？

第 六 课

凡事都要想一想，如果是我，我会怎么做。

一

知己知彼，将心比心。

——《增广贤文》

学与习

这就是能换位思考、善解人意的人哦！

二

责人之心责己，恕己之心恕人。

——《增广贤文》

学与习

这就是现在所谓的"严于律己，宽以待人"的同理心吧！

牛辛勤劳作，也是牧童的好朋友。

病 牛

〔宋〕李纲

耕犁千亩实千箱，

力尽筋疲谁复伤。

但愿众生皆得饱，

不辞羸病卧残阳。

29

牧牛词

〔明〕高启

尔牛角弯环，

我牛尾秃速。

共拈短笛与长鞭，

南陇东冈去相逐。

日斜草远牛行迟，

牛劳牛饥唯我知。

牛上唱歌牛下坐，

夜归还向牛边卧。

长年牧牛百不忧，

但恐输租卖我牛。

**学与习**

从这两首诗中，你能找出表现牛的辛劳以及牧童对牛的喜爱的句子吗？

儒家的孝道，有着丰富的内涵。《孝经》便是系统记录孝道的书。曾子曾经感慨道："甚哉，孝之大也！"意思是，孝道是多么伟大啊！对人的社会关系，儒家提倡"亲亲为大"，提倡由近及远的爱，提倡推恩。孝是为人的根本，只有做到了孝，才谈得上其他。

———

夫孝，天之经也，地之义也，民之行也。天地之经，而民是则之。则天之明，因地之利，以顺天下。

——《孝经·三才》

学与习

这是《孝经》第七章的一段话。在儒家看来，孝道是那么伟大那么重要。它是为人的根本。天之经，就是像日月星辰的运行，永恒不变；地之义，就是像大地山川提供物产那样博大。能够效法天地，天下也就太平了。

二

父有争子，则身不陷于不义。故当不义，则子不可以不争于父，臣不可以不争于君。故当不义则争之。从父之令，又焉得为孝乎？

——《孝经·谏诤》

 学与习

有人认为儒家提倡的孝道，要儿子必须盲目地听从父亲的话，臣下必须盲目地听从君王的话——无论对错。这是一种误解，《孝经》专门有一章，强调要敢于劝谏父亲，如果做父亲错了，你不敢劝，就是不孝，推而广之，如果君王做错了，你不敢劝，就是不忠。

趣味文言

滥竽充数

齐宣王使人吹竽，必三百人。南郭处士请为王吹竽，宣王说之，廪食以数百人。宣王死，湣（mǐn）王立，好一一听之，处士逃。

——《韩非子·内储说上》

 学与习

没有真才实学，靠骗人过日子，总不会长久的。

第 七 课

守住自己的嘴巴，关住心里的坏念头。

一

守口如瓶，
防意如城。

——《增广贤文》

学与习

"守信"的一个重要内容就是"守密"哦！"意"是自己可怕的欲念啊！

二

宁可人负我，切莫我负人。

——《增广贤文》

学与习

负，意思是辜负。相信以诚待人的人即使被辜负也会觉得"吃亏是福"。

我们再来读两首写动植物的诗。

嗅　梅

某尼

尽日寻春不见春，芒鞋踏遍陇头云。

归来笑拈梅花嗅，春在枝头已十分。

咏 蚕

〔五代〕蒋贻恭

辛勤得茧不盈筐，灯下缲丝恨更长。

著处不知来处苦，但贪衣上绣鸳鸯。

学与习

《嗅梅》的作者是一个尼姑。她告诉我们任何一种成功都需要艰苦付出，"踏遍陇头"。

《咏蚕》这首写春蚕的诗与前面赵孟頫的有什么不同？

博闻广识

《周易》是一本很古老的书，用来测算祸福吉凶，测算人的命运。它的语言很深奥，内容很深刻，不过，也有些话很通俗。

一

天行健，君子以自强不息；地势坤，君子以厚德载物。

——《周易》

学与习

清华大学的校训即是"自强不息，厚德载物"。日月盈仄，寒来暑往，天体运行不息，因此君子应效法天，追求进步，永不停息。大地厚重，无物不载，因此君子应效法地，增厚美德，容载万物，度量要像大地一样，没有任何东西不能承载。

二

见善则迁，有过则改。

——《周易·益卦》

学与习

真正的教育是自我教育。《三字经》中说"玉不琢，不成器，人不学，不知义"，是说玉石经过雕琢，才能成为精美的器物；人通过学习，才能懂得道理。那么怎么雕琢呢？就是见到好的就向他学习，自己有不好的地方就改正。

叶公好龙

叶公子高好龙，钩以写龙，凿以写龙，屋室雕文以写龙。于是天龙闻而下之，窥头于牖（yǒu），施尾于堂。叶公见之，弃而还走，失其魂魄，五色无主。是叶公非好龙也，好夫似龙而非龙者也。

——《新序》

学与习

有人说，叶公其实是喜欢龙的，只是龙来得太突然，声势太大了，把他吓住了。你觉得这种说法有道理吗？

第 八 课

与人相处的学问挺大的。

一

金凭火炼方知色，
与人交财便知心。

——《增广贤文》

学与习

古人觉得要想认清一个人，只要看他对钱财的态度就可以了。

二

当面留一线，过后好相见。

——《增广贤文》

学与习

遇事留条后路，对人宽容一步，于人于己，海阔天空。

有的古诗能让人感受到诗人心绪的起伏。

题都城南庄

〔唐〕崔护

去年今日此门中，
人面桃花相映红。
人面不知何处去，
桃花依旧笑春风。

春 游 湖

〔宋〕徐俯

双飞燕子几时回?

夹岸桃花蘸水开。

春雨断桥人不渡,

小舟撑出柳阴来。

学与习

诗人一心想要找到去年见过的女子,可是只有桃花还在,多么失望。

诗人正在因无法渡河而发愁,忽然一艘小船来了,多么惊喜。

《礼记》是一部讲礼的书。一般人以为，"礼"就是要讲礼貌，这不错，但远远不够。"礼"包括法律、制度、纪律、规范，甚至还包括了宗教。生活中处处有"礼"，我们做什么事情，都应该讲"礼"。"礼"在不同的时代有变化，但有些原则是不变的。

一

敖不可长，欲不可从，志不可满，乐不可极。

——《礼记·曲礼上》

学与习

敖，通"傲"；从，通"纵"。傲慢的心不能让它滋长，欲望要节制，不能放纵。要有志气，但不能自满，要追求快乐，但是不能无度。这就是"礼"的原则。

二

贤者狎而敬之，畏而爱之。爱而知其恶，憎而知其善。

——《礼记·曲礼上》

学与习

"狎"是亲近的意思。对于有道德学问的人，要去亲近他，要尊敬他。讲礼，首先要知道一些原则。要有敬畏感，要讲"和"，

"礼之用，和为贵"，不能偏激，不能走极端。所以，对于自己喜爱的人，要知道他的缺点；对于自己讨厌甚至仇恨的人，要发现他的优点。这就不容易走极端。这也是"礼"的原则。

趣味文言

执竿入城

鲁有执长竿入城门者，初竖执之，不可入，横执之，亦不可入，计无所出。俄有老父至，曰："吾非圣人，但见事多矣，何不以锯中截而入？"遂依而截之。

——《笑林》

学与习

你猜猜看，这个鲁国人为什么要买长竹竿？他回到家里，会怎么解释？家人又会怎么对他说？

第 九 课

与君子成为朋友，远离小人。

一

栽树要栽松柏，结交要结君子。

——《增广贤文》

学与习

"良禽择佳木而栖"，选择怎样的朋友也显现出自己的人生追求哦！

二

能言不是真君子，善处方为大丈夫！

——《增广贤文》

学与习

行动永远比语言有效！

43

诵诗冶性

人遇到各种事情，产生各种感受，胸中有话要说，于是就有了诗。

题木兰院二首（其一）

〔唐〕王播

三十年前此院游，

木兰花发院新修。

如今再到经行处，

树老无花僧白头。

44

赠　婢

〔唐〕崔郊

公子王孙逐后尘，

绿珠垂泪滴罗巾。

侯门一入深如海，

从此萧郎是路人。

学与习

从王播的诗中，你能看到三十年过去了，木兰院发生什么变化了吗？

崔郊的姑母有一婢女，与崔郊相恋，后来却被卖给于顿。崔郊念念不忘，思慕不已。一次婢女外出与崔郊偶遇，崔郊百感交集，写下这首《赠婢》。后来于顿读到此诗，就让崔郊把婢女领去，一时传为佳话。读了这个故事，你理解诗意了吗？

　　《荀子》是战国末期的儒家典籍，是记录先秦思想家荀子思想的主要著作，全书一共32篇，内容十分丰富，博大精深，是先秦学术思想成果的总结性著作。荀子对学习有很多好的建议，值得我们借鉴。

荀子像

一

学不可以已。

——《荀子·劝学》

 学与习

　　学习，终身不可停止。这是需要毅力的。

二

真积力久则入。

——《荀子·劝学》

 学与习

　　一个人如果能真诚地学习，努力实践，坚持不懈，就能达到很高的境界。

活见鬼

有赴饮夜归者，值大雨，持盖自蔽。见一人立檐下溜，即投伞下同行。久之，不语，疑为鬼也。以足撩之，偶不相值，愈益恐，因奋力挤之桥下而趋。值炊糕者晨起，亟奔入其门，告以遇鬼。俄顷，复见一人，遍体沾湿，踉跄而至，号呼有鬼，亦投其家。二人相视愕然，不觉大笑。

——《古今谭概》

学与习

相信你读完这个故事一定笑出声来。说说看，为什么笑？

第 十 课

一辈子做一个善良的人。

一

善事可做，恶事莫为。

——《增广贤文》

学与习

"勿以善小而不为，勿以恶小而为之"呀！

二

善为至宝深深用，心作良田世世耕。

——《增广贤文》

学与习

一生为善，坚守良心，代代传承，永不止息！

　　吊古，就是观赏古迹，抒发对古今人世的感想。下面两首诗中，吊古的意味很浓。

过华清宫（其一）

〔唐〕杜牧

长安回望绣成堆，

山顶千门次第开。

一骑红尘妃子笑，

无人知是荔枝来。

49

金谷园

〔唐〕杜牧

繁华事散逐香尘，

流水无情草自春。

日暮东风怨啼鸟，

落花犹似坠楼人。

学与习

　　华清宫是唐明皇与杨贵妃的游乐之地，仅仅是为了让杨贵妃吃到新鲜的荔枝，皇家就耗费大量人力财力。经过多年战乱，华清宫也已破败。

　　金谷园是西晋石崇建于金谷的别墅，极为豪华奢丽。但是到了唐朝，早已烟消云散。

　　面对这样的景物，杜牧的心情不是几句话就能说得清的，等同学们长大了，或许才能明白。

博闻广识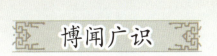

　　下面两句话告诉我们的是一种观察事物的方法，要全面看待事物，不要只看事物的某一个方面。

一

　　曲知之人，观于道之一隅，而未之能识也。

——《荀子·解蔽》

学与习

　　观点片面的人，只能看到道的一个方面，而看不到道的全体。

二

　　凡人之患，蔽于一曲，而暗于大理。

——《荀子·解蔽》

学与习

　　一般人在思想上的通病，是只看到了道的一部分，而看不到全部大道。

鸭子捉兔

昔有人将猎而不识鹘（hú），买一凫而去。原上兔起，掷之使击。凫不能飞，投于地。又再掷，又投于地。至三四，凫忽蹒跚而人语曰："我鸭也，杀而食之乃其分，奈何加我以抵掷之苦乎？"其人曰："我谓尔为鹘，可以猎兔耳，乃鸭耶？"凫举掌而示人，笑而言曰："看我这脚手，可以搦（nuò）得兔否？"

——《艾子杂说》

学与习

想去打猎却不认识老鹰，真是太好笑了。不过那鸭子也很好玩，说被人吃掉才是自己的本分。